Kunst-Stücke 4

Für das 4. Schuljahr

Herausgegeben von:
Johannes Eucker

Autorinnen und Autoren:
Anita Caspary
Johannes Eucker
Ortrud Hagedorn
Hermann Hinkel
Sibylle Hirth-Schaudt
Erika Kabas
Renate Mann
Regina Pols
Angelika Tischer
Sabine Wöhler

Ernst Klett Grundschulverlag
Stuttgart Düsseldorf Berlin Leipzig

Ein Garten wächst in der Fantasie

Henri Rousseau: Der Traum, 1910. Öl auf Leinwand, 204,5 x 298,5 cm. Museum of Modern Art, New York

Henri Rousseau schrieb zu seinem Bild „Der Traum", das er 1910 malte, auch ein Gedicht:

Yadviga, in süßem Schlaf befangen,
Träumt einen lieblichen Traum;
Sie hört die Musik einer Flöte,
Die ein gütiger Zauberer spielt;
Und der Mond wirft sein blasses Licht
Auf Blumen und grünende Bäume.

Schließe die Augen und lasse einen Garten in deiner Fantasie wachsen. Was ist links, rechts, über dir? Das kannst nur du alleine sehen.

Bevor Henri Rousseau ein Bild wie „Der Traum" malte, betrachtete er Bäume, Büsche, Blumen, Gräser oder Gärten ganz genau.

Die Bilder davon nahm er in Gedanken oder als Skizzen mit nach Hause. Dort malte er dann Gärten wie das Paradies.

Sicher hast du auch Bilder von Bäumen und Blumen im Kopf. Es ist aber nicht immer einfach, die Gedanken in das Reich der Fantasie zu führen. Oft ist man dafür viel zu abgelenkt.

Ein Fantasiegarten auf dem Schulhof

Auf fremden Märkten

Olga Costa: Obstverkäuferin, 1951. Öl auf Leinwand, 195 x 245,3 cm. Museo de Arte Moderno, Mexiko D. F.

- *Welche Früchte auf diesem Bild hast du schon einmal gegessen?*
- *Wo war das?*
- *Was konntest du dort sehen, hören, riechen, schmecken ?*

Olga Costa ist eine Malerin aus Mexiko. Ihr Bild „Obstverkäuferin" zeigt eine Frau hinter einem Obststand. Geordnet liegt das Obst in Körben, auf dem Stand und auf dem Boden. Wie bei uns auf dem Wochenmarkt. Mit viel Liebe malte die Künstlerin die unterschiedlichen Früchte ihres Landes in kräftigen Farbtönen. Fast glaubt man, sie aufessen zu können. Viele dieser Früchte kann man inzwischen auch bei uns kaufen.

Auf Märkten in Südamerika, Afrika und Asien geht es lebhafter zu als bei uns. Waren werden lautstark angepriesen, gehandelt, und es wird um den Preis gefeilscht. An jeder Ecke riecht es anders.
Diese Bilder stammen von einem Markt in der Türkei. Dort werden Gewürze aus großen Säcken grammweise abgewogen, in kleine Tütchen verpackt und verkauft.
Das teuerste Gewürz ist Safran, der Blütenstaub einer Krokusart. Für 1 kg Safran müssen 80 000 Blüten gesammelt werden.

Gemahlene Gewürze in Säcken auf einem Markt

- *Welche Gewürze kennst du? Bringe Gewürze mit und stelle sie vor.*
- *Für welche Speisen werden Gewürze verwendet?*
- *Male ein Bild mit Gewürzen. Du kannst auch mit Tee, Kaffee oder Säften malen.*

Ein Maler aus Frankreich

Renoir beim Malen im Freien

Auf der Fotografie siehst du den französischen Maler Pierre-Auguste Renoir.

Er wurde am 25. Februar 1841, also vor über 150 Jahren in Limoges geboren. Da er gern malte und es in seiner Heimatstadt berühmte Porzellan-Fabriken gab, schickte ihn sein Vater mit 13 Jahren in eine Lehre als Porzellan-Maler. Später studierte er Malerei in Paris.

Renoir malte gern im Freien, denn er liebte das helle Licht und das Schillern der Farben. Menschen in der Natur, Landschaften, Blumen und Früchte waren oft seine Motive. Im Alter wurde er sehr krank, konnte kaum mehr laufen und mußte im Stuhl ins Freie getragen werden. Sein kleiner Sohn Claude half ihm in dieser Zeit oft beim Malen und brachte ihm die Pinsel und Farben.

Pierre-Auguste Renoir: Erdbeeren, 1905. Öl auf Leinwand, 28 x 46 cm. Museum Orangerie, Paris

Auguste Renoir: Claude Renoir beim Spielen, 1905. Öl auf Leinwand, 46 x 55 cm. Museum Orangerie, Paris

Dieses Gemälde von Renoir zeigt seinen Sohn Claude im Alter von vier Jahren. Damals war es üblich, daß die Jungen in diesem Alter oft lange Haare trugen.
Renoir malte gern Kinder und versuchte sie immer so darzustellen, wie sie sich in einem bestimmten Augenblick bewegten. Licht und Schatten spielten dabei eine wichtige Rolle.

- *Was macht das Bild so lebendig? Achte besonders auf seine Pinselstriche.*
- *Male ein eigenes Bild, bei dem die Farben und Linien in Bewegung sind.*

Baden macht Spaß

Pablo Picasso: Die Badenden, Gruppe von 6 Figuren, 1956. Holz. Staatsgalerie Stuttgart

Wie haben die einzelnen Künstler den Spaß am Baden dargestellt?

Gestalte deine eigene Badeszene.
Du kannst sie malen, zeichnen oder zusammenbauen.

Aus Latten, Brettern und Bilderrahmen setzte Pablo Picasso diese Figurengruppe zusammen, die er „Die Badenden" nannte.
Badende sind und waren in der Kunst immer wieder ein beliebtes Thema. Badende und Badeszenen wurden gemalt, gezeichnet, gedruckt und auch plastisch gestaltet.
Auf diesen zwei Seiten siehst du einige Beispiele.

Israhel van Meckenem: Kinderbad, um 1490. Kupferstich. Kupferstichkabinett Berlin

Paul Cézanne: Die Badenden, 1874-75. Öl auf Leinwand. Metropolitan Museum of Art, New York

Ludwig Richter: Kinderlust, 1851. Holzschnitt

Karl-Heinz Biederbick: Badegesellschaft, 1970. Polyester, 162 x 175 x 210 cm. Im Besitz des Künstlers

Farben und Muster

Schmetterling

Raupen der Ringelspinner

Detail (Ausschnitt)

Junge Feldhasen

Schneide ein daumennagelgroßes Loch in ein Stück weißes Papier. Schau dir die Bilder durch das Loch an. Welche Formen und Farben erkennst du? Mit Wachskreiden kannst du bunte Muster entstehen lassen.

In der Natur gibt es herrliche Farben. Nicht nur Blumen sind bunt, sondern auch Tiere können kräftige Farben und Muster haben.
Damit fallen sie in ihrer Umgebung auf und unterscheiden sich von den anderen.
Manche Tiere wollen nicht sofort gesehen werden. Ihr Äußeres ist eher unscheinbar und paßt sich farblich der Umgebung an.
Ein Meister der Anpassung ist das Chamäleon.

Ernst Wilhelm Nay: Mit blauer Dominante (Betonung), 1951 Leinwand, 75 x 75 cm.
Niedersächsische Landesgalerie Hannover

Der Maler Ernst Wilhelm Nay wurde 1902 in Berlin geboren. Bekannt machten ihn seine ungegenständlichen Bilder mit ihrer lebhaften Farbigkeit. Man sagt, daß der Maler auch versucht hat, Klänge aus der Musik darzustellen.

Das Bild auf dieser Seite nannte er: „Mit blauer Dominante". Das zeigt, daß er die Grundfarbe Blau in diesem Gemälde ganz besonders hervorheben wollte.

Welche Farben und Formen hat Nay für dieses Bild verwendet?
Unterhaltet euch über die Wirkung des Bildes.

G. Spangenberg: Hexenritt, 1878. Stich

Vogeler, Heinrich: Die Hexe, 1895. Radierung

Närrisches Hexentreiben

Die Sage von der Walpurgisnacht berichtet, daß in der Nacht vom 30. April zum 1. Mai die Hexen zum Blocksberg reiten und dort mit dem Teufel ein großes Fest feiern. Um fliegen zu können, müssen sie sich am ganzen Körper mit Hexensalbe einreiben.
Zum Hexenritt benutzen sie Besen, Ofengabeln, Stöcke oder auch Tiere. Sie tanzen mit dem Teufel, trinken Alkohol und kochen in einem Hexenkessel geheimnisvolle Getränke aus ekelhaften Zutaten.
Auch heute kommt es noch vor, daß Leute sich schaurige und gruselige Hexengeschichten erzählen. Meistens handelt es sich um harmlose alte Frauen, die für nicht erklärbares Unglück verantwortlich gemacht werden.
Tatsächlich gab es schon immer weise, oft ältere Frauen, die heilende Pflanzenrezepte kannten und bei Krankheit und Geburt halfen. Im Mittelalter wurden solche Frauen aus der Heilkunde vertrieben und viele wurden als Hexen verfolgt.

Hier siehst du verschiedene Bilder von Hexen. Unterhaltet euch darüber, wie sie aussehen, sich kleiden und was sie treiben.

Kennst du Geschichten von guten oder bösen Hexen? Vielleicht willst du eine erfinden, schreiben, zeichnen oder malen.

Eine Linie erzählt

Saul Steinberg: New Yorker Labyrinth, 1960

Suche dir eine Linie von A nach B heraus.
Welches Abenteuer erzählt dir die Linie?

Saul Steinberg hat eigentlich auf dieses eine Blatt viele Bilder gezeichnet. Es sind Wege, die einen Punkt A mit einem Punkt B verbinden.

Wenn du genau hinsiehst, erkennst du, daß er viele unterschiedliche A's und B's verwendet hat. Mal sind sie groß, mal klein, mal dick oder dünn, gerade oder verschnörkelt.

Auch die Linien, die A und B verbinden, sind jedesmal anders. Es sieht so aus, als ob Saul Steinberg Wege gezeichnet hat, die jemand gegangen ist. Vielleicht hat sich jemand verirrt, nach einem Weg gesucht oder ist einen Umweg gegangen.

Kordeldruck

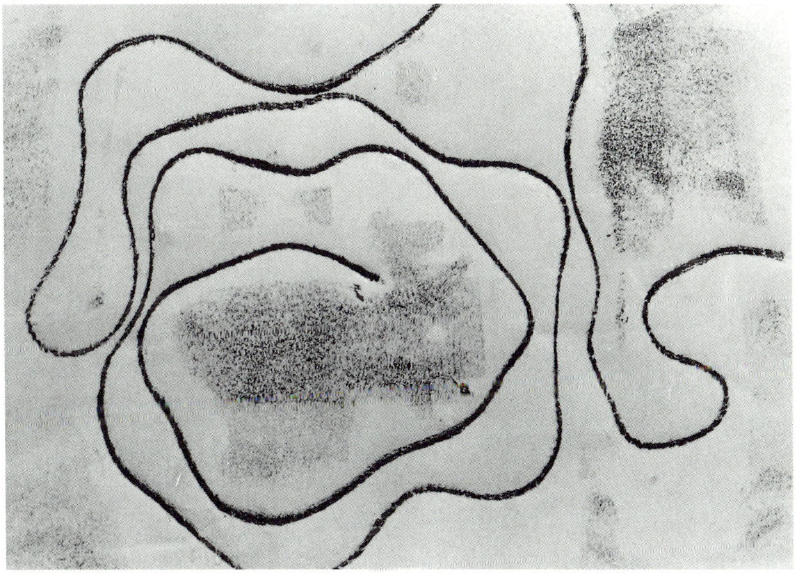

Gestaltet gemeinsam ein Wegeabenteuer-Buch.
Zeichne zuerst die beiden Punkte A und B.
Nimm dafür Tusche und Feder oder Farbstifte.
Was erzählt die Verbindungslinie?
Schreibt eure Geschichte auf.
Hier siehst du Geschichten, die ein Kordeldruck erzählt.
Welche Geschichten stecken dahinter?
Gehören die beiden Bilder vielleicht zu einer Bildergeschichte?

Statt einer gezeichneten Linie können auch ein Faden oder eine Kordel Geschichten erzählen.
Klebe sie auf einem stabilen Untergrund fest, bevor du druckst.

Erich Heckel: Weiße Pferde, 1921. Holzschnitt, 26,7/30,8 x 32,5 cm

Vergleiche das Bild von Erich Heckel mit den gemalten oder gezeichneten Bildern in diesem Buch. Was stellst du fest?

Viele Künstlerinnen und Künstler schnitten ihre Bilder in Holz. Auch Erich Heckel fertigte für seine „Weißen Pferde“ einen Druckstock aus Holz an.

Schülerarbeit, aus einem Drachenbuch, Klasse 4

Eine der Schülerarbeiten ist ein Weißlinienschnitt. Findest du heraus, wie er gemacht wurde?

Überlege, warum die Zeichnung, die du schneiden willst, klare Umrisse haben sollte.

Ein Druckstock sieht wie ein großer Stempel aus. Mit besonderen Messern hebt man die Flächen aus dem Holzbrett heraus, die nicht drucken sollen. Mit einer Walze werden alle Stellen eingefärbt, die nicht weggeschnitten wurden. Diese drucken sich auf Papier ab.
Solche Bilder können immer wieder abgedruckt werden.
Um einen Druckstock herzustellen, eignet sich nicht nur Holz. Man kann auch Linoleum verwenden. Es ist weicher als Holz und läßt sich deshalb besser bearbeiten. Mit Linoleum sind die beiden Schülerarbeiten auf dieser Seite entstanden.

Schülerarbeit, aus einem ABC-Berufebuch, Klasse 4

Niki de Saint Phalle: Zwischen der Stadt und der Blume, 1955. Öl auf Leinwand, 161 x 113 cm. Privatsammlung

I. C. Hiltensperger (Schreibmeister): Labyrinth, Anfang 18. Jh.

Auf den ersten Blick könnte man denken, Bilder und nicht Handschriften vor sich zu haben.
Niki de Saint Phalle gestaltete ihre einzelnen Buchstaben ganz bunt und witzig. Sie sehen den kleinen Zeichnungen am Ende des Textes sehr ähnlich, machen den Text aber auch etwas unleserlich.
Der Schreibmeister Hiltensperger blieb mit seinem Text nicht auf geraden Zeilen, sondern ordnete ihn in Form einer Spirale an. Die Buchstaben zum Mittelpunkt hin werden immer kleiner.

Suche einen Text, den du gestalten möchtest. Das kann ein Gedicht, ein Brieftext oder ein Lied sein.
Wie kannst du die Schrift gestalten?
Welche Anordnung sollen die Wörter haben?

Drache, Miniatur aus der Kosmographie al Qazwinis „Die Wunder der Schöpfung". 1. Hälfte 15. Jh., 24 x 15 cm. Iran

Sammle Drachendarstellungen aus alter Zeit und heute. Gestalte eine kleine Ausstellung. Versuche herauszufinden, aus welchen Ländern und aus welcher Zeit diese Darstellungen stammen.

„Ein Tier von gewaltig großer Körperform, furchtbarem Anblick, sehr langer und breiter Struktur, großem Kopf, funkelnden Augen, weitem Maule und Bauche, mit zahlreichen Zähnen, das eine unberechenbare Anzahl von Geschöpfen verschlingt…", so beschreibt al-Qazwini, ein iranischer Gelehrter, der vor ungefähr 750 Jahren gelebt hat, ein höchst gefährliches Wesen, den Drachen.

Drachendarstellungen finden wir auf vielen Kunstwerken der Vergangenheit, in Handschriften und auf Wänden. Auf Knöpfen, Gürtelschnallen und Schwertknäufen, auf magischen Gefäßen und auf Münzen. Die Menschen der damaligen Zeit waren von diesem ungewöhnlichen Wesen fasziniert, wie wir von Dinosauriern.

Auf dem Gebiet der heutigen Türkei, des Iran und Irak finden wir den Drachen besonders häufig an alten Stadtmauern, Toren und Festungen. Die Menschen früher erwarteten sich davon Schutz vor Feinden und anderem Unglück.

Im alten China war die Drachenfigur ein Symbol für die Kraft des Mannes, später war sie das Zeichen des Kaisers und bedeutete Macht und Glück. Man wußte, der Drache hat neun Ähnlichkeiten:

„Geweih wie vom Hirsch, Kopf wie vom Kamel, Augen wie vom Dämon und Hals wie von der Schlange, Bauch wie von der Muschel und Schuppen wie vom Fisch, Krallen wie vom Adler, Pranken wie vom Tiger und Ohren wie vom Rind."

- *Erfinde einen Drachen mit mehreren Ähnlichkeiten. Du kannst ihn zeichnen oder auch aus den Abbildungen verschiedener Tiere zusammenfügen.*
- *Gib deinem Drachen einen lustigen oder auch furchteinflößenden Namen, oder hast du einen Glücksdrachen gestaltet?*
- *Weißt du eine Stelle, an der er seine Kraft beweisen kann?*

Drache Mushussu, Relief vom Ischtar-Tor, ca. 580 v. Chr. Babylon

Tausendmarkschein mit einmontiertem Selbstporträt von Ludwig Emil Grimm

Vier Zeichnungen aus der Reiserolle von Ludwig Emil Grimm, 1850

Auf dem Tausendmarkschein sind die beiden berühmten Sprach- und Märchenforscher Jakob und Wilhelm Grimm abgebildet. Was viele nicht wissen, die beiden hatten einen jüngeren Bruder, Ludwig Emil Grimm.

Heute ist er als Maler und Kupferstecher nicht mehr so bekannt wie damals.

Ihn interessierten weniger Wörter und Sprache, sondern Bilder. So verwundert es auch nicht, daß er eine Reise, die er 1850 unternahm, mit vielen kleinen Tuschfederzeichnungen auf einer Reiserolle festhielt. Seine Brüder hätten sicher einen Reisebericht geschrieben.

Die ganze Reiserolle liegt im Museum des Schlosses Steinau bei Hanau. Das Original wird in Bad Homburg aufbewahrt.

Aus den Zeichnungen erkennst du, wie die Menschen damals reisten, und was L. E. Grimm erlebte.

- *Beschreibe die Reise so, wie es die Brüder von L. E. Grimm getan hätten.*
- *Wie bist du das letzte Mal verreist?*
  Male oder zeichne Szenen, an die du dich gut erinnern kannst. Klebe sie zu einer Reiserolle zusammen.
- *Wie könnte eine Reiserolle eurer letzten Klassenfahrt aussehen?*

Verschiedene Papiertragetaschen

Stelle eine eigene Sammlung von Papiertragetaschen zusammen.

Noch vor wenigen Jahren beherrschte die Plastiktüte das Bild, wenn es ums Einkaufen und Transportieren von Waren ging.
Heute werden den Kunden zunehmend umweltfreundliche Papiertüten und Stofftaschen angeboten.

Gestaltete Papiertüten als Geschenkverpackungen

Über den Inhalt einer Tragetasche erfährt man bereits etwas durch ihre Außengestaltung. Wie unterschiedlich die Gestaltung von Tragetaschen sein kann, zeigt dir das Foto auf der linken Seite.
Ob Kaufhaus, Parfümerie, Lebensmittelgeschäft oder Buchladen, jede Tragetasche sieht anders aus.
Dabei ist es wichtig, daß Tragetaschen auch wirklich zum Tragen geeignet sind und nicht sofort zerreißen.

Besorge dir eine sparsam bedruckte Papiertragetasche und beschrifte, bedrucke oder beklebe sie so, daß daraus z. B. eine Sporttüte oder eine Tüte für Ausflüge wird.

Figuren aus einem Bild

Joan Miró: L'échelle de l'évasion, 1940. Gouache und Terpentinfarben auf Papier, 38 x 46 cm. Sammlung Acheson, New York

Versuche das Bilderrätsel von Joan Miró zu lösen. Welche Geschichte könnte das Bild erzählen?

Seltsame Wesen und Formen bevölkern das Gemälde von Joan Miró. Dabei sieht es so aus, als wollte Miró uns eine traumhafte Geschichte erzählen.
Aber alles erscheint wie ein Rätsel.

Drahtfiguren sind schnell zurecht gebogen

Wen wundert es, daß die auf das Papier gebannten Bildwesen begeistert sind von der Idee, frei herumspazieren zu können, um ihre Geschichte zu erzählen. Auf einer Schattenspielleinwand könnte es gelingen, mit den seltsamen Wesen ins Spiel zu kommen und ihr Rätsel zu lösen. Natürlich kommen auch Figuren hinzu, die selbst erfunden sind.

2 Kinder spielen mit Figuren. Eine Figur ist Miró nachempfunden

Das Beduinenmädchen Fatima

Beduinenfrau mit Halbmaske auf einem Kamel

Im Beduinenzelt

Versuche noch mehr über Beduinen und ihr Leben in Erfahrung zu bringen.

Seit Jahrtausenden leben Beduinen in den Wüsten der arabischen Halbinsel und in Nordafrika. Sie sind ein Volk freier Hirten, die in Großfamilien zusammenleben. Ihr Reichtum sind die Schaf- und Ziegenherden, vor allem aber ihre Kamele.

Auf der Suche nach Futter und Wasser ziehen sie durch die Wüste. Heute gibt es nur noch wenige echte Beduinen ohne festen Wohnplatz.

Die Kleidung der Beduinenfrauen ist meist reich bestickt, ihre Haare sind mit einem Tuch bedeckt, und sie tragen Gesichtsmasken. Die Kleidung der Männer ist schlicht.

Das wichtigste Requisit der Beduinenfrau ist die Gesichtsmaske

Die Kostüme können alte Nachthemden und Bettlaken sein

Fremde Sitten und Bräuche sind immer ein interessantes Thema.
Im Gespräch und aus Büchern kann man mehr über fremde Völker erfahren.
Was Kinder einer Klasse 4 aus dem Thema Beduinen gemacht haben, seht ihr auf dieser Seite.

Welche Musik paßt zu dem Theaterstück?

Als Kulisse braucht ihr ein Zelt, eine Palme, vielleicht einen Brunnen

Ahnengalerie

Suche dir ein Bildnis aus. Was erzählt das Gemälde über die Zeit von damals, über die Person und wie sie sich malen ließ, über die Art, wie man sich kleidete? Was erzählen die Gegenstände auf dem Bild über die Lebensgewohnheiten dieser Person?
Wo kann man heute solche Bildersammlungen sehen?

Auch heutzutage gibt es Bilder zum Andenken an die Familie.

Früher ließen wohlhabende und adlige Damen und Herren Bildnisse von sich malen. Diese wurden dann über Jahrhunderte in den Räumen und Gängen ihrer Häuser und Schlösser zur Schau gestellt. Das geschah einerseits zum Andenken an die Ahnen, andererseits auch, um die Familiengeschichte festzuhalten.
Damals sollte die Kleidung und Ausstattung der Personen auf den Bildern besonders deutlich machen, daß es sich um reiche und berühmte Persönlichkeiten handelte.

Was ihr auf dem Foto rechts unten seht, ist ein lebendiges Gemälde. Ihr braucht dazu einen alten Rahmen (vom Sperrmüll oder selbstgebastelt) und viele Materialien zum Verkleiden.

Zum Schluß schaut ihr „wie gemalt" aus dem Rahmen, während die Besucher eurer Ahnengalerie staunen, was der Museumsführer alles über diese Dame oder den edlen Herrn zu berichten weiß.

Vergeßt nicht, das lebendige Gemälde zu fotografieren, um eure Ahnengalerie festzuhalten.

Das „Kleinste Museum der Welt"

Herbert Distel: Das Schubladenmuseum, Schublade Nr. 10, 1978. 27,5 x 31,5 cm. Kunsthaus Zürich

Was sind das für Gegenstände, die Herbert Distel in seinem Schubladenmuseum sammelte?

Das kleinste Museum der Welt ist im Grunde gar kein richtiges Museum. Eigentlich ist es ein Schubladenmuseum.
Jede Schublade sieht wie ein Kasten aus, der in viele kleine Fächer unterteilt ist.

Kunstmuseum

Heimatmuseum

Ballonmuseum

Naturkundemuseum

Auf der linken Seite siehst du eine der Schubladen, die neben anderen zu einem hohen Schrank gehört. Dieses Schubladenmuseum wurde von Herbert Distel zusammengestellt. In jedem Fach steckt das Werk eines anderen Künstlers.
Auch in einem richtigen Museum werden Gegenstände zu einem Thema gesammelt, geordnet und ausgestellt.
Es gibt ganz unterschiedliche Museen.

Was wird in einem Kunstmuseum, Heimatmuseum und in einem Naturkundemuseum gesammelt?
Kennst du noch andere Museen?

Aus Streichholzschachteln könnt ihr ein kleines Schachtelmuseum eröffnen.

Was weißt du über Katzen?

Bastet-Frau mit Katzenkopf, 7.–6. Jh. v. Chr. Bronze, Höhe 8,8 cm. Ägyptisches Museum, SMPK, Berlin

Die Katze der Bastet, 600–500 v. Chr. Bronze, Höhe 20,5 cm. Ägyptisches Museum, SMPK, Berlin

Hast du schon einmal darüber nachgedacht, daß Katzen eigentlich ganz besondere Tiere sind?
Sie können schmusig sein und schnurren, wenn du sie streichelst.
Sie können ganz leise schleichen und nachts sogar mit ihren Katzenaugen sehen.
Anders als Hunde führen Katzen ihr eigenes Leben. Gerne streifen sie durch die dunklen Straßen.

Franz Marc: Zwei Katzen, blau und gelb, 1912. Öl auf Leinwand, 74 x 98 cm. Kunstmuseum Basel

Vielleicht war deshalb die Katze bei den alten Ägyptern mehr als ein normales Haustier. Damals gab es viele Katzenfiguren, die die Menschen beschützen sollten.
So hatte z. B. die Mondgöttin Bastet, wie du auf dem linken Bild der Seite 34 sehen kannst, einen Katzenkopf.
Immer wieder hat das geheimnisvolle Wesen der Katze Künstler und Künstlerinnen beeindruckt.

- *Vergleiche die Katzenabbildungen miteinander.*
- *Was weißt du über Katzen?*
- *Gestalte eine Katze aus Ton, Knetmasse, Pappmaché, ...*

Niki de Saint Phalle: Die Mäßigung. Tarot-Garten, Italien

Jean Tinguely: Balouba Nr. 3, 1959. Museum Ludwig, Köln

Niki de Saint Phalle wurde 1930 in Paris geboren. Berühmt machten sie ihre farbigen, riesengroßen Frauengestalten, die „NANAS".

Über sich selbst sagt Niki: *„Niki ist ein besonderer Fall. [...] Ihr Werk und ihr Leben sind wie Märchen: voller Abenteuer, böser Drachen, versteckter Schätze, voll menschenfressender Mütter und Hexen. Paradiesvögel kommen da ebenso vor wie gute Mütter."*

In verschiedenen Formen, Farben, Materialien treten immer wieder dieselben Themen auf.

Jean Tinguely wurde 1925 in Fribourg in der Schweiz geboren und wuchs in Basel auf. Er ging nicht besonders gern in die Schule. Lieber verweilte er im Wald und am Bach. Dort baute er Wasserräder mit Lauteffekten.

Er erinnerte sich: *„Viele Sonnabende und Sonntage hintereinander baute ich schöne kleine Räder aus Holz. [...] Jedes Rad besaß einen Zahn, und der schlug unregelmäßig auf einen kleinen Hammer, der wiederum auf verschiedene kleine Konservenbüchsen schlug, einige verrostet, andere nicht."*

Ausschnitt

Niki de Saint Phalle/Jean Tinguely:
Strawinsky-Brunnen, 1983. Paris

Niki de Saint Phalle und Jean Tinguely waren ein Künstlerpaar. Sie lebten zusammen, und manchmal arbeiteten sie auch zusammen an einem Kunstwerk.

Der Brunnen in Paris, den du auf dieser Seite siehst, ist ein Gemeinschaftswerk. Er besteht aus 9 Plastiken von Niki de Saint Phalle und 16 von Jean Tinguely. Zum Teil sind sie beweglich, sprühen und spritzen Wasser. Igor Strawinsky, nach dem der Brunnen benannt wurde, war ein Musiker.

Einzelne Objekte heißen: Der Notenschlüssel, Ragtime, das Herz, das Leben, der Feuervogel, der Elefant, die Schlange, die Nachtigall, der Tod, die Meerjungfrau, die Spirale.

*Findest du einige Objekte auf den beiden Fotos?
Vergleiche die Materialien, mit denen die beiden gearbeitet haben.
Welche Wirkungen erzielen sie?*

Der ulkige Vogel

Alexander Calder: Chock, 1972. Montage aus Fundstücken, Höhe 71 cm

Meine Beine sind aus Draht,
wie sie nicht ein jeder hat.
Mein Körper ist 'ne Kaffeedose,
damit verbunden – etwas lose –
sind die Flügel und der Kopf.
Doch ich bin kein armer Tropf.
Ich bin ein ganz besond'res Tier,
viele wie mich gibt's nicht hier.

Alexander Calder nannte seine Plastik „Chock" nach der Kaffeedose, die er einmontierte. Auch andere Künstler wie Gerd Rohling oder die Künstlergruppe Endart haben Abfallmaterial für Plastiken verwendet.

Kannst du erkennen, was Kopf, Augen, Hals, Flügel und Schwanz von Chock vorher waren?

Gruppe Endart: Gemischtes Doppel, 1984. Metall, Haare, Holz

Gerd Rohling: Ohne Titel, 1983. Sprühlack, Lack auf Blech, Plexiglas, Fell, 90 x 130 x 65 cm

Das war doch mal ...

Alfred Grimm: Ziehbare Landschaft, 1980. 17 x 26 x 19,5 cm. Privatbesitz

Kannst du erkennen, aus welchen Gegenständen das Objekt besteht?

Baue selbst eine Landschaft zum Mitnehmen. Ist es die Landschaft, in der du wohnst? Welche Landschaft würdest du gerne mitnehmen?

Hast du so etwas schon einmal gesehen? Eine Landschaft, die man mitnehmen kann, die man an einer Schnur hinter sich herziehen kann. Alfred Grimm hat 1980, also vor gar nicht langer Zeit, so ein Kunstwerk gestaltet. Es handelt sich hier um kein gemaltes Bild, sondern um ein plastisches Objekt.

Pablo Picasso: Frau mit Kinderwagen, 1950. 203 x 145 x 61 cm.
Sammlung Ludwig, Köln

Auch der spanische Künstler Pablo Picasso stellte Objekte her. Er fügte vorhandene Gegenstände zusammen, die er zum Teil veränderte. Oft erinnerte ihn die Form eines Gegenstandes an etwas anderes: So baute er z. B. aus einem Fahrradsattel und einem Fahrradlenker einen Stierkopf.

Welche Gegenstände verwendete Picasso für die Plastik „Frau mit Kinderwagen"?

Sammle Dinge, die nicht mehr gebraucht werden. An was erinnern sie dich?

Ein Stuhl ist nicht allein zum Sitzen da

Günther Uecker: Nagel-Stuhl, 1963.
Stuhlobjekt

Stefan Wewerka: Stuhl an Glasrahmen.
Stuhlobjekt

*Möchtest du auf einem dieser abgebildeten Stühle sitzen?
Welche Geschichte erzählt dir jeder einzelne Stuhl?
Erinnern dich die Stühle an etwas?*

Ein Stuhl ist eigentlich nichts Besonderes. Trotzdem sehen Stühle nicht alle gleich aus. Je nach Geschmack, Mode und Gebrauch veränderte sich seine Form und das Material.
Meist aber nehmen wir ihn gar nicht richtig wahr. Er ist da, wir setzen uns darauf, wir „besitzen" ihn.

Jean Claude Biraben: Nachtwächter, 1972.
Stuhlobjekt

Hans Rudolf Ambauen: Fensterstuhl, 1965.
Stuhlobjekt

Im Mittelalter war er in der Form des Thrones dem Herrscher vorbehalten. Die einfachen Leute standen oder saßen auf dem Boden, auf niedrigen Hockern oder Bänken ohne Lehne.
Immer wieder hat der Stuhl auch die Fantasie von Künstlerinnen und Künstlern angeregt.

Was mit Stühlen gemacht wurde, kannst du auch mit einem Plastikbesteck machen: „Ein Besteck ist nicht allein zum Essen da".

Robert Smithson: Spiraldamm, 1970. Steine, 500 x 45 m. Utah, USA

Luftbild eines Bilderhügels

Welchen Zweck konnte dieser Bilderhügel wohl gehabt haben?
Unterhaltet euch darüber.

Stelle dir vor, du wärst an diesem Ufer des Salzsees. Was würdest du gerne machen?

Versuche, wie die Kinder einer 4. Klasse, ein Tier aus Steinen zu legen.
Sucht euch einen besonderen Platz.

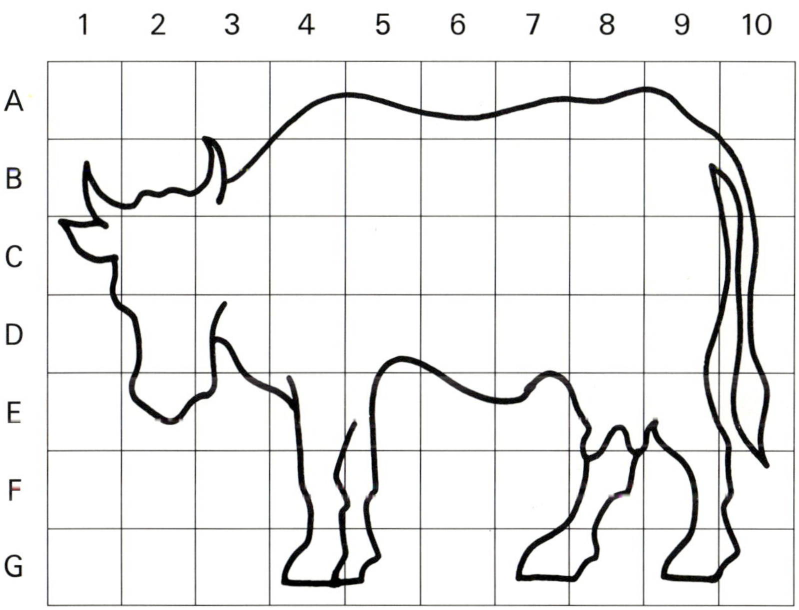

Umriß einer Kuh mit Raster

Das Luftbild auf der linken Seite zeigt einen Bilderhügel, den Indianer vor langer Zeit anlegten. Damit zeichneten die Indianer diesen Ort als etwas Besonderes aus. Als einen Ort mit magischer Bedeutung.
Auch Robert Smithson gab dem Ort eine besondere Bedeutung durch seine künstlerische Gestaltung. Aus Steinen legte er einen Spiraldamm am Ufer des großen Salzsees in Utah (USA).

Erweitertes Inhaltsverzeichnis

Seite	Thema	Fachaspekt	Arbeitsbereich	Künstler/Künstlerin
26/27	Figuren aus einem Bild	Herstellen von Figuren und finden von Spielsituationen	Spiel/Aktion	Joan Miró (1893–1983)
28/29	Das Beduinen-mädchen Fatima	Herstellen von Requisiten und Kulissen	Spiel/Aktion	
30/31	„Ahnengalerie“	Verkleiden und schminken	Spiel/Aktion	de la Cruz (1553–1608) Vélazquez (1599–1660) Holbein d. J. (1497–1543) van d. Weyden (1397–1494)
32/33	Das „kleinste Museum der Welt“	Sammeln, ordnen, ausstellen von Gegenständen	Plastik	Herbert Distel
34/35	Was weißt du alles über Katzen?	Funktion von Tierbildern, Formen von Tieren	Plastik	Franz Marc (1880–1916)
36/37	Eine Künstlerin und ein Künstler	Künstlerbiografien	Plastik	de Saint Phalle (geb. 1930) Jean Tinquely (1925-1991)
38/39	Der ulkige Vogel	Figuren aus Fundstücken, umgestalten	Plastik/Objekt	Alexander Calder (1898–1976) Gerd Rohling (geb. 1946) Gruppe Endart
40/41	Das war doch mal ...	Spielzeuge verändern, montieren und umgestalten	Plastik/Objekt	Alfred Grimm Pablo Picasso (1881–1973)
42/43	Ein Stuhl ist nicht allein zum Sitzen da	Umgestalten und verfremden von Gegenständen	Plastik/Objekt	Hans Rudolf Ambauen Jean Claude Biraben Stefan Wewerka Günther Uecker (geb. 1930)
44/45	Rätsel von Künstlern und Indianern	Steinreliefs großen Formates, Landart	Plastik/Raum	Robert Smithson (geb. 1938)

Farbe/Malerei

Grafik

Design

Spiel/Aktion

Plastik

Bildlegenden S. 30/31:

Diego Vélasquez (1599-1660): Philipp IV. Prado, Madrid
Rogier van der Weyden (1400-1464): Bildnis einer Frau mit Flügelhaube. Staatliche Museen Preußischer Kulturbesitz, Berlin
Juan Pantoja de la Cruz (1553-1608): Infantin Isabella Clara Eugenia von Spanien. Alte Pinakothek, München
Hans Holbein d.J. (1497/98-1543): Bildnis des Kaufmanns Georg Gisze. Staatliche Museen Preußischer Kulturbesitz, Berlin
Juan Pantoja de la Cruz (1553-1608): Albrecht der Fromme, Erzherzog von Österreich. Alte Pinakothek, München
Diego Vélasquez (1599-1660): Margarita de Austria. Prado, Madrid

Bildnachweis:

Die im folgenden Verzeichnis nicht aufgeführten Abbildungen wurden von der Autorin oder dem Autor der jeweiligen Doppelseite zur Verfügung gestellt. Nicht in allen Fällen war es uns möglich, den uns bekannten Rechteinhaber ausfindig zu machen. Berechtigte Ansprüche werden selbstverständlich im Rahmen der üblichen Vereinbarungen abgegolten.

S. 2 Artothek, Peissenberg. Foto: J. Martin, S. 5 Studio x, Limours. Foto: E. Sampers, S. 6 Bruckmann Verlag, Bildarchiv, München, S. 6/7 RMN, Paris. Musée national de l'Orangerie Collection. Jean Walter et Paul Guillaume, Paris, S. 8 Staatsgalerie, Stuttgart. VG Bild Kunst, Bonn 1994, S. 9 Staatliche Museen Preußischer Kulturbesitz, Berlin. Foto: J. Anders, S. 9 The Bridgeman Art Library, London, S. 9 Biederbick, Berlin, S. 11 Landesmuseum, Oldenburg. Nay-Scheibler, Köln, S. 13 VG Bild Kunst, Bonn 1994, S. 13 Sigloch Service Edition, Künzelsau, S. 14 VG Bild Kunst, Bonn 1994, S. 16 Artothek, Peissenberg. Foto: Christi's. Nachlass Erich Heckel, Hemmenhofen. VG Bild Kunst, Bonn 1994, S. 18 VG Bild Kunst,Bonn 1994, S. 20 Staatliche Museen Preußischer Kulturbesitz, Berlin. Foto: G. Niedermeiser, S. 21 Staatliche Museen Preußischer Kulturbesitz, Berlin, S. 22 Deutsche Bundesbank, Frankfurt a.M., S. 22/23 Brüder Grimm Museum, Kassel, S. 26 VG Bild Kunst, Bonn 1994, S. 30 Alexander Koch, Bildarchiv-Kunstverlag, München, S. 30 Staatliche Museen Preußischer Kulturbesitz, Berlin. Foto: J. Anders, S. 30 Artothek, Peissenberg. Foto: J. Blauel, S. 31 Bildarchiv Preußischer Kulturbesitz,Berlin, S. 31 Artothek, Peissenberg. Foto: J. Blauel, S. 31 Alexander Koch, Bildarchiv-Kunstverlag, München, S. 32 Distel, Herbert,Bern (CH), S. 33 Staatliches Museum für Naturkunde, Stuttgart. Foto: Rotraud Harling, S. 33 Transglobe Agency, Hamburg. Foto: I. Wandmacher, S. 33 Transglobe Agency, Hamburg. Foto: K. Plaumann, S. 33 Mauritius, Stuttgart, S. 34 Bildarchiv Preußischer Kulturbesitz, Berlin. Foto: M. Büsing, S. 35 Artothek, Peissenberg. Kunstmuseum, Basel, S. 36 VG Bild Kunst, Bonn 1994, S. 36 Rheinisches Bildarchiv, Köln. VG Bild Kunst, Bonn 1994, S. 37 Agence Top, Paris. Foto: R. Mazin. VG Bild Kunst, Bonn 1994, S. 38 VG Bild Kunst, Bonn 1994, S. 39 Rohling, Gerd, Berlin. Foto: A. Weidling, S. 41 Rheinisches Bildarchiv, Köln. VG Bild Kunst, Bonn 1994, S. 42 Uecker, Günther, Düsseldorf. VG Bild Kunst, Bonn 1994, S. 43 Ambauen, Hans Rudolf, Luzern (CH).

Literaturnachweis:

S. 2 Phantastische Malerei. Meisterwerke im Großformat, Tafel 63. Ebelin Verlag, Wiesbaden 1976, S. 20 Gierlichs, Joachim: Drache. Phönix. Doppeladler. Fabelwesen in der islamischen Kunst. Bilderheft der Staatlichen Museen zu Berlin - Heft 75/76, 1993, S. 10. Preußischer Kulturbesitz, Berlin, S. 36 Niki de Saint Phalle. Katalog. Prestel Verlag, München 1987, S. 36 Jean Tinguely, in: art 3/1984, S.80

1. Auflage 1 5 4 3 2 1 | 1999 98 97 96 95
Alle Drucke dieser Auflage können im Unterricht nebeneinander benutzt werden, sie sind untereinander unverändert. Die letzte Zahl bezeichnet das Jahr dieses Druckes.

Redaktion: Hannelore Irmer
Umschlaggestaltung: Neil McBeath
Satz: SCS Schwarz Satz & Bild Digital, Leinfelden Echterdingen
Repro: Schreiber Repro, Stuttgart
Druck: Klett Druck H. S. GmbH, Korb
ISBN: 3-12-2030-4